W9-CNA-393

GRAPHIC LIBRARY

en español

BIOGRAFÍAS GRÁFICAS

ELEANOR ROOSEVELT

PRIMERA DAMA DEL MUNDO

por Ryan Jacobson

ilustrado por Gordon Purcell y
Barbara Schulz

Consultor:

F. Kennon Moody, Doctor en Filosofía

Investigador de la Familia Roosevelt

Lagrangeville, Nueva York

Capstone press

Mankato, Minnesota

Graphic Library is published by Capstone Press,
151 Good Counsel Drive, P.O. Box 669, Mankato, Minnesota 56002.
www.capstonepress.com

1 2 3 4 5 6 11 10 09 08 07 06

Library of Congress Cataloging-in-Publication Data
Jacobson, Ryan
    [Eleanor Roosevelt. Spanish]
    Eleanor Roosevelt: primera dama del mundo/por Ryan Jacobson; ilustrado por Gordon
Purcell y Barbara Shulz.
        p. cm.—(Graphic library. Biografías gráficas)
    Includes bibliographical references (pg. 31) and index.
    ISBN–13: 978–0–7368–6607–1 (hardcover : alk. paper)
    ISBN–10: 0–7368–6607–8 (hardcover : alk. paper)
    ISBN–13: 978–0–7368–9675–7 (softcover pbk. : alk. paper)
    ISBN–10: 0–7368–9675–9 (softcover pbk. : alk. paper)
    1. Roosevelt, Eleanor, 1884–1962—Juvenile literature. 2. Presidents' spouses—United
States—Biography—Juvenile literature. I. Purcell, Gordon, ill. II. Schulz, Barbara Jo, ill. III.
Title. IV. Series.
E807.1.R48J3418 2007
973.917092—dc22   2006043868

Summary: In graphic novel format, describes the life and work of U.S. First Lady Eleanor
    Roosevelt, in Spanish.

Art and Editorial Direction Jason Knudson and Blake A. Hoena *Designers* Jason Knudson and Katherine Opseth *Illustrators* Gordon Purcell and Barbara Schulz	*Editor* Angie Kaelberer *Translation* Mayte Millares and Lexiteria.com

Nota del editor: Los diálogos con fondo amarillo indican citas textuales de fuentes
fundamentales. Las citas textuales de dichas fuentes han sido traducidas a partir del inglés.

Direct quotations appear on the following pages:
Pages 7, 22, 23, 25, 26, from *The Autobiography of Eleanor Roosevelt,* by Eleanor Roosevelt
    (New York: Harper & Brothers, 1961).
Page 16, from *Eleanor Roosevelt: An American Conscience*, by Tamara K. Hareven
    (Chicago: Quadrangle Books, 1968).
Page 11, from Franklin and Eleanor Roosevelt Institute, http://www.feri.org.
Page 18, from Penn Library Exhibitions: Marian Anderson: A Life in Song,
    http://www.library.upenn.edu/exhibits/rbm/anderson/linimage.html.
Page 21, from *Eleanor and Franklin: The Story of Their Relationship, Based on Eleanor
    Roosevelt's Private Papers*, by Joseph P. Lash (New York: Norton, 1971).
Page 27 (top), from the Eleanor Roosevelt Memorials, Franklin D. Roosevelt Library,
    Hyde Park, New York.
Page 27 (bottom), from the National Park Service, http://www.nps.gov.

Cover illustration shows Eleanor's trip in 1933 to investigate working conditions in the coal mines
of West Virginia.

TABLA DE CONTENIDOS

Capítulo 1
La pequeña Nell

En 1892, Eleanor Roosevelt tenía 7 años y su vida estaba llena de tristeza. Su padre, Elliott, había estado en el hospital durante un año. Su madre, Anna, con frecuencia estaba enferma con dolores de cabeza.

Descansa tu cabeza, mamá. Yo te cuidaré.

¡Extraño a mi papá!, tengo tantas ganas de que estemos juntos otra vez.

Eleanor amaba a su madre y estaba contenta de cuidar de ella. Pero Eleanor creía que su padre era la única persona que la quería. La llamaba su "Pequeña Nell".

En 1914, muchos países europeos empezaron a combatir en la Primera Guerra Mundial. Los Estados Unidos entraron en la guerra en 1917. Para ese entonces, Franklin era Secretario Adjunto de la Marina. Eleanor ayudó a organizar la Cruz Roja de la Marina.

Parece ser que todo lo que hacemos ahora es tejer.

Pero estamos haciendo un trabajo muy importante. Cada puntada ayudará a que un soldado se mantenga caliente.

Para 1918, la guerra había terminado. Franklin y Eleanor visitaron Europa a principios del siguiente año.

Mira los horribles resultados de la guerra. ¡Alguna vez esto fue un pueblo tranquilo!

Tantas personas muertas. Tantos edificios destruidos.

Eleanor visitó a las familias mineras en Virginia del Oeste. Estas familias eran algunas de las más pobres en el país.

Mire Sra. Roosevelt a mi conejito.

Él no sabe que nos vamos a comer al conejo, pero es que tenemos tanta hambre.

Después, Eleanor le contó la historia al Embajador William Bullitt y a otros invitados en una cena.

La familia no ha tenido nada que comer durante tanto tiempo. ¡Van a cocinar al conejito del niño para la cena!

¡Eso es terrible! Quiero ayudar a esa familia. Mañana te enviaré un cheque.

13

Los afroamericanos también eran tratados injustamente. No se les permitía asistir a las mismas escuelas que los niños blancos ni tampoco tenían trabajos bien pagados. Incluso tenían que sentarse en secciones separadas en lugares públicos.

Esta sección es sólo para blancos. Se tendrá que sentar de este lado.

Eleanor pensaba que la forma en que eran tratados los afroamericanos no era correcta. Ella creía que toda la gente debería ser tratada con igualdad.

Señora, por favor siéntese de este lado.

No me sentaré ni en el lado "blanco", ni en el lado "negro". ¡Me sentaré en medio, donde el color de mi piel no importe!

17

En 1939, una famosa cantante afroamericana Marian Anderson, estaba programada para presentarse en la Sala de Conciertos Constitution en Washington, D.C. Pero las Hijas de la Revolución Norteamericana (DAR, por sus siglas en inglés) no le permitían a Marian cantar en el recinto. Eleanor era miembro del DAR.

¿Cómo puedes hacer callar a una gran voz sólo por el color de piel de su dueña?

Esta sala de conciertos pertenece al DAR. No podemos permitir que una persona de su raza se presente aquí.

¡Renuncio al DAR!

Pero Eleanor no paró ahí. Ella ayudó a organizar un concierto en frente del Lincoln Memorial. Más de 75,000 personas acudieron para escuchar cantar a Marian Anderson.

...Desde cada rincón, ¡dejen que la libertad se escuche!

18

Para 1945, la guerra estaba casi por terminar. Franklin había sido electo presidente por cuarta vez, todo un récord. Pero el 12 de abril, murió mientras dormía.

Mientras Franklin estaba vivo, yo era la esposa del presidente. Ahora que él ya no está, nadie se acordará de mi.

Eleanor era una persona amable y atenta. Pero se podía poner furiosa, especialmente si alguien criticaba a los Estados Unidos.

No estamos aquí para atacar a los gobiernos de nuestros países, ¡y espero que cuando regresemos el lunes, el delegado de la Unión Soviética lo recuerde! ¡Se levanta la sesión!

Eleanor presentó a la Asamblea General de las Naciones Unidas, la Declaración Universal de los Derechos Humanos en 1948.

THE UNIVERSAL DECLARATION OF Human Rights

Las personas de todas las naciones, tanto hombres como mujeres, ahora tienen el derecho de vivir sin discriminación, de obtener una educación, de practicar el culto que deseen y de tener un juicio justo.

A los pocos meses, la declaración fue aprobada. Hoy, es aún considerada uno de los documentos más importantes jamás escritos.

25

Eleanor se retiró de las Naciones Unidas en 1953. Conforme iba envejeciendo, se iba debilitando por todo su trabajo.

Madre, deberías de disminuir tu ritmo de trabajo. Los chicos están de acuerdo conmigo.

Pero aún hay tanto por hacer; hay tantas necesidades urgentes y apremiantes.

Eleanor siguió preocupándose por los jóvenes y sus problemas. Ella ayudó a reunir dinero para una escuela para niños con problemas. Cada año, ella organizaba un día de campo para los niños.

¡Sra. Roosevelt, lea para nosotros otra vez!

Rikki-tikki-tavi era una mangosta, con pelo y cola como la de un gato y la cabeza de una comadreja...

Más sobre ELEANOR ROOSEVELT

- Eleanor nació el 11 de octubre de 1884, en la ciudad de Nueva York. Su nombre completo era Anna Eleanor Roosevelt.

- El tío de Eleanor, Theodore Roosevelt fue el presidente número 26. Estuvo en la presidencia de 1901 a 1909.

- A finales de los años veinte, Eleanor ayudó a dirigir la Escuela Todhunter, una preparatoria privada para niñas en la ciudad de Nueva York. Eleanor dio clases en la escuela y también trabajó como directora durante un tiempo.

- Antes de que Eleanor se convirtiera en primera dama, la mayoría de las esposas de los presidentes no formaban parte de la política. Pero Eleanor cambió eso. Ella fue la primera en volar en un avión, en tener un trabajo en el gobierno, en reunirse con el Congreso, en recibir un pago por hablar en público, y en hablar en la radio. Eleanor también fue la primera esposa de un presidente en escribir en un periódico una columna diaria, *My Day*.

- Para ayudar a las mujeres a obtener mejores trabajos, Eleanor en algunas ocasiones organizó conferencias de prensa a las que sólo se invitaban mujeres. Los periódicos tuvieron que contratar a mujeres reporteras para poder cubrir la historia.

Cuando Eleanor se unió a las Naciones Unidas en 1946, era la única mujer. La mayoría de los otros miembros pensaban que ella no debería estar allí. Pero con su arduo trabajo, se ganó a los delegados.

 En febrero de 1962, el Presidente John F. Kennedy pidió a Eleanor que trabajara en la Comisión Presidencial de la Condición Jurídica y Social de la Mujer. Ella prestó sus servicios en el comité hasta su muerte, a causa de tuberculosis, el 7 de noviembre de 1962.

 Val-Kill, la casa de Eleanor en Hyde Park, Nueva York, es el único Recinto Histórico Nacional dedicado a una primera dama. Los visitantes pueden ver la casa de campo, los jardines y patio de Eleanor.

GLOSARIO

el comité—un grupo de personas que se reúnen para resolver un problema o hacer ciertas tareas

el delegado—una persona que es enviada para representar a un grupo o a una organización

el gobernador—el líder de una sección ejecutiva del gobierno de un estado

la polio—una enfermedad que ataca los nervios, la espina dorsal y el cerebro

la tuberculosis—una enfermedad grave y contagiosa de los pulmones que es causada por una bacteria

SITIOS DE INTERNET

FactHound proporciona una manera divertida y segura de encontrar sitios de Internet relacionados con este libro. Nuestro personal ha investigado todos los sitios de FactHound. Es posible que los sitios no estén en español.

Se hace así:

1. Visita *www.facthound.com*

2. Elige tu grado escolar.

3. Introduce este código especial **0736866078** para ver sitios apropiados según tu edad, o usa una palabra relacionada con este libro para hacer una búsqueda general.

4. Haz clic en el botón **Fetch It**.

¡FactHound buscará los mejores sitios para ti!

LEER MÁS

Rosenberg, Pam. *Eleanor Roosevelt: First Lady, Humanitarian, and World Citizen.* Our People. Chanhassen, Minn.: Child's World, 2004.

Stone, Amy. *Eleanor Roosevelt.* Raintree Biographies. Austin, Texas: Raintree Steck-Vaughn, 2003.

Winget, Mary. *Eleanor Roosevelt.* History Maker Bios. Minneapolis: Lerner, 2003.

Winner, David. *Eleanor Roosevelt: First Lady of the World.* World Peacemakers. San Diego: Blackbirch Press, 2004.

BIBLIOGRAFÍA

Eleanor Roosevelt Center at Val-Kill
http://www.ervk.org

Franklin and Eleanor Roosevelt Institute
http://www.feri.org.

Hareven, Tamara K. *Eleanor Roosevelt: An American Conscience.* Chicago: Quadrangle Books, 1968.

Lash, Joseph P. *Eleanor and Franklin: The Story of Their Relationship, Based on Eleanor Roosevelt's Private Papers.* New York: Norton, 1971.

Roosevelt, Eleanor. *The Autobiography of Eleanor Roosevelt.* New York: Harper & Brothers, 1961.

ÍNDICE